나뭇잎의 노래

한상우 시집

도서출판
열린동해

■ 책을 펴내면서

　오래전 산비탈을 굴러와 아무런 망설임 없이, 냇가에 풍덩 들어가던 돌멩이를 보며 모든 사물에는 존재 이유가 있다는 생각 나의 존재 이유는 무엇일까? 아직까지도 찾지 못한 물음표의 방랑 길이 골방 서랍 속에 꾸불텅 앉아 있습니다. 우연이라는 인연이 가을빛으로 서랍을 열었지만 시라는 기하학적인 나뭇잎이 피고 있었습니다. 무한 세계, 무한 깊이의 심연, 허공에 나풀거리는 나! 문지방 너머 햇살 뜨락 안내받아 기하급수적으로 늘어나는 글빛, 음과 양의 얼굴들이 보이기 시작하고 펜의 저항을 깨버린 것은 또다시 우연이라는 이름으로, 무심히 내려온 달빛 사이에 흔들리는 낙엽이었습니다. 그렇게 시작된 지난 가을날의 벤치를 결코 잊지 못합니다. 다시 그 벤치를 찾아 그때의 달빛과 낙엽을 찾아봅니다. 오간데 없는 낙엽은 이제 이 한 권의 글 집으로 달빛을 안고 있습니다. 무한의 상상 세계를 들락거리며 한줄기 동살로 꽃 피우고 싶은 마음이 욕심인 줄 알지만 한 편의 글, 한 줄의 행이 독자분의 공감을 얻을 수 있다면 영광이겠습니다. 모바일로 만나 거울 같은 절친이 되어 저의 글문을 깨워준 시인이자 시 낭송가인 박수근 친구에게 저의 첫 번째 글인 '공원 벤치에서'를 바칩니다. 아울러 시의 틀을 잡아 주시고, 시의 맛을 조미해 주시고, 시의 본질을 깨닫게 해주신 두 분 김

이철 교장님, 이상미 교수님, 마음 깊이 감사드리며 부끄럽지만, 감히 두 분의 제자가 될 수 있는 시인이 되도록 더욱 노력하겠습니다. 출판을 맡아준 열린동해문학 출판사와 시처럼 문학회 회원분들과 임원분들의 아낌없는 성원! 가슴 깊이 새기겠습니다. 마지막으로 어려운 생활여건에서도 묵묵히 지켜주고 응원해주는 마음 깊은 아내와 언제나 밝은 세 아이에게 고맙고 미안한 마음이 작달비 되어 내립니다.

2019년 3월
원백 한 상 우

한상우 시집 **1부 길게 휜 하늘**

공원 벤치에서 …………………… 12

형아 ……………………………… 13

새벽녘 …………………………… 14

나뭇잎의 노래 …………………… 15

형의 나라 ………………………… 16

갈매기 …………………………… 17

잿빛 하늘 비둘기 ……………… 18

촛불 ……………………………… 19

간이역 장미 ……………………… 20

홍시 ……………………………… 21

가을 벤치에서 …………………… 22

저녁 길 …………………………… 23

괘종시계 ………………………… 24

기러기 사랑 ……………………… 25

할미꽃 …………………………… 26

한상우 시집 **2부 초록으로 숨 쉬다**

호수 …………………………… 28

길 잃은 봄 …………………… 29

감꽃 사랑 …………………… 30

남겨진 하얀 철쭉 …………… 31

여름 오면 …………………… 32

임은 창밖에 ………………… 33

꽃 마음 ……………………… 34

지난 밤 꿈에 ………………… 35

활을 쏘다 …………………… 36

7월의 겨울 ………………… 37

가을 낚시 …………………… 38

활쏘기 ……………………… 39

연심 ………………………… 40

달맞이꽃 지던 날 …………… 41

봄 품은 계절 ………………… 42

유리 상자 안 화초 …………… 43

간이역에 핀 장미 …………… 44

한상우 시집 **3부 비워내는 시간 둑에서**

솟대의 하늘 ············· 46
당신은 ················· 47
임종 ·················· 48
봄은 길을 찾는다 ········· 49
갈매기 나래 위에 ········· 50
간혀 버린 날개 ··········· 51
쓰레기봉투 ·············· 52
시간은 ················· 53
고사목 ················· 54
우물에 빠진 별 ··········· 55
풍경소리 ················ 56
빈 공원에서의 하루 ········ 57
북소리 ················· 58
자리 ··················· 59
이정표 없는 길 ··········· 60
불 꺼진 길 ·············· 61
밤비 ··················· 62

한상우 시집 **4부 벚꽃잎 하얀 길로**

목련	64
암자에 머문 풍경	65
달이 진다	66
달과 항아리	67
아버지	68
동산에 피는 태양	69
당신의 빈자리	70
분홍빛	71
인연의 끝자락	72
벚꽃과 어머니	73
낙엽	74
꿈 속 얼굴	75
노을	76
달과 어머니	77
밤에 피는 꽃	78

한상우 시집 **5부 바람꽃 피는 언덕**

갈대에 이는 그리움 ………………… 80

섬 그늘 ………………… 81

6월 어느 날 ………………… 82

서낭당 ………………… 83

바람이 웁니다 ………………… 84

국화 ………………… 85

푸르른 날에도 ………………… 86

돌담 품은 해바라기 ………………… 87

중년의 꽃 ………………… 88

갯벌에 숨은 달 ………………… 89

동굴 ………………… 90

바람인가 봅니다 ………………… 91

산사의 바람 ………………… 92

오월 바람 ………………… 93

유택동산 ………………… 94

겨울나무 ………………… 95

안개 언덕 ………………… 96

한상우 시집 **6부 느낌표로 서 있다**

등대 ················· 98
임이 사랑을 물어오면 ········· 99
나병 ················· 100
앉은뱅이 ·············· 101
창문 밖 겨울 냉이 ········ 102
하늘에 핀 들장미 ········· 103
건널목의 겨울 ············ 104
달이 가는 길 ············ 106
느티나무 비밀 ············ 107
시골 마을 ·············· 108
신문지와 소주 막 잔 ········ 109
냉장고에 마른 고등어가 산다 ······ 110
뉴스 ················· 111
상어 학교 ·············· 112
하수구 뚜껑이 열려 있다 ······· 114
옛살비 코스모스 ··········· 115
겨울자락 ············· 116
문지방 ··············· 117
겨울 가뭄 ············· 118

1부

길게 휜 하늘

공원 벤치에서

바람 손에 낙엽 하나
발등 위로 살포시
새되어 앉는다

밤안개가 시간 다투듯
내려서 일까

쉰한 번의 그리움
부리나케 쪼아대곤
처연한 달빛 안으며
가을 짧은소리 입고 날아간다

형아

보리수 언덕 낮달에
가슴 열어 향기만 새겨놓고

종달새 울음 태우고 태워
허공에 흩뿌린다

여백조차 허락하지 않는 강
그나마 건너 버렸으니

마음도 맘 같지 않아
눈물조차 메마른 겨울 갈대인 지금

몸의 반 떼어가 버린
반달 되어 흐르는 빛
얼어버린 두 줄기 강물에 흐른다

새벽녘

외양간 황소 울음소리에
먼 길 떠난
임이 오심인가

사랑문 열었더니
구름 걷혀
휘영청 밝은 달 아래
밤새 쌓인 눈이
무릉도원이구나

군불에서
피어오르는 연기는
임의 입김이요

앞마당
새의 발자국은
임이 보내신 편지런가

나뭇잎의 노래

떠나는 날은
바람 없었으면

차 한 잔에
하늘도 푸르렀으면

엄니 등에 업혀 칭얼대던
아이에게로
고향길이었으면

어쩌면 더 먼
보리 피는 언덕
어머니의 어머니에게서
자장가 들려왔으면

형의 나라

먹구름 사이 설핏 비친 나라
꽃 피고 새 우는가요

영원의 강 그곳
여전히
어머니 젖줄 흐르는가요

풀빛으로 말발굽 내달리던 광야
삭풍 빚는 잔설의 계곡 너머
종달새 푸르게 날던
그날의 노래 잊으셨나요

묵언으로
동백꽃 애써 피우려는 작은 떨림
누구의 이슬 소리 떨굼 인가요

검은 숲 가로질러
이끼 앉은 돌탑 위에
멍울진 가슴 올립니다

갈매기

삼일을 공쳤다

한겨울 태풍이라니
방파제 무너뜨린 파도
항구마저 지웠다

넋 잃는 것도 잠시
울음도 잠시
새끼들 앞에 더는 울 수 없다

거품이 유령으로 다가온다

장담할 수 없는 자맥질일수록
높이 올라야 한다

잿빛 하늘 비둘기

주머니 가벼운 봄날
화로에 향기 태워야 하는 새벽
깃털도 무겁다

한 움큼 내린 비로 질척한 길
시큰한 관절마다 꽃은 피지 않고
밟힌 뿌리가 벽을 오른다

지붕에 박힌 못에 찔려
길게 휘어진 하늘에서 종일
잿빛 비둘기는 해를 물고 있다

촛불

어둠 닫힌 골방 서랍에서
설산으로 떨어진 해를 끄집어낸다

밤보자기에 꿍쳐 놓았던
별무리 이룬 터진 추억들
여미어 박음질하는 허리 굽은 재봉틀 소리가
떠난 기적소리 같다

흔들리며 켜켜이 쌓여가는 빙하

새벽 닭 울어
한 가닥 구름에 걸린 허공을
타다만 심지 덩그러니 서 있다

간이역 장미

섶다리 너머 봄바람
연둣빛으로 달려온다

종달새 노래하고
벌 나비 춤추는
아지랑이 구름 희롱하던
별빛 싹트는 작은 노을 언덕에서

만난
짧은 봄

이별은 가시 되고
그리움은 꽃잎 된다

홍시

그대 눈빛
별빛 한 아름 담아
푸른 잎 붉게 물들고

그대 얼굴
또르르 이슬 꿰어
달빛으로 구름 타고

그대 숨결
바람 되어 떨군 낙엽
바스락 소리에

뒷동산 우듬지
홍시 열렸네

가을 벤치에서

발아래 구르는 낙엽
왜 왔을까

안개 자욱한 이 밤
바람 손 빌려
무엇 찾아 헤매는가

아무것도 없는데

어제와 같은 자리
흐르는 시간 바라보며
빈 주먹만 움켜쥘 뿐

달빛 없는 벤치에 앉은
조각 난 세월 향
한 모금 담배 연기에 날려 보낸다

저녁 길

태양 따라 붉게 걷던 길

강 건너 산마루
호박꽃 구수하게 피어나고
군불 가마솥에
솔향 건네오는 서녘 하늘

기러기 떠난 들판 줍는
어머니

둥근 달 따라갑니다

괘종시계

바람 젖은 꽃잎
하르르 떠가는 하늘 보다가

유리에 비친 눈물은
소리가 없었다

어디로 갔을까
내 울음

기차가 뒷산으로
뎅뎅 지나간다

기러기 사랑

꽃잎 떨어져
시간의 거리 아스라이

향기는 어두운 골목 선술집
소리 높고

꽃대는 빈 술잔

할미꽃

늙은 봄바람
익숙한 허리 굽은 소리
뒷산 봉분에 주저앉아있다

양지바른 곳
드러난 솜털 부끄러워
고개 숙여 피더니
할미꽃이라 하네

빨갛게 달아오른 마음 들킬까
무덤가에 한적하게 피더니
먼저 가신 할애비
못 잊어 피었다 하네

2부

초록으로 숨 쉬다

호수

달이 달게 웃는다
너울너울

바람에 세수하고
하늘과 땅 빗장 열어
홀로
분 바르고

잠방잠방 안개 섬
물새 요람 흔든다

길 잃은 봄

구름 따라간다

산 너머
살구꽃까지

강이
진달래를 건너가는 동안

잠깐
봄이 핀다

길이 없어진다

감꽃 사랑

홍시 기다리던 마음은
나란히 등굣길 걸었고
하교는 갈림길에서 서성이다
징검다리 건너며
겨우 손잡을 수 있었다

그녀가 심었다는 감나무는 담 넘고
지붕에 올라 달을 품었다

물은 흐를 수밖에 없었고
고인 물은 허공을 맴돌았다

물컹한 바람 한 줌이
가을 앉은 가지를 빠져나갈 때
그녀가 홍시 하나 건네주고 있었다

남겨진 하얀 철쭉

수채화 마지막 붓끝은
꽃으로 핀 달빛에서
엄니가 아이를 업고 있다

강 너머 산자락부터
초록빛 풍겨오고

화가는 팔레트에 남은 여정 들고
화폭으로 사라진다

채색할 수 없는 그리움
하얗게 남는다

여름 오면

나무 하나 하늘에 심고 싶다

물 맑은 계곡
바람 소리 좋은 숲에서

어느 한 해
뜨거웠던 날을 생각한다

하얀 강변에 별빛 세우며
목놓아 울던 매미 고백

무너지는 섶다리 건널 때
떨구었던 꽃신 눈물

돌무덤 솟대 되어버린
우듬지 까치 하늘

한낮 잎새에 담아
아른한 그늘 아래에서

임은 창밖에

푸른 셔츠에 풀잎 넥타이 매고
임은 창밖에 계십니다

한줄기 소낙비에 강은 떠나갔지만
그네에 버들잎 남아 흔들립니다

바람이 빗질한 머리에 부드러운 숨결
불 꺼진 창에 반딧불로
창밖에 계십니다

구름이 펼친 수채화에
병아리 발자국 바라보며 미소로
또 그렇게 계십니다

나는 창밖에 새로이 집을 짓습니다

꽃 마음

산모를 꿈꾼다
보다 여리고 강한 것 어디 있으랴

잉태 위한 방랑길
대지의 빛 봉긋이 모으고
바람 향 붙잡는다
돌아가기 위해서

강이 꽃을 건너는 동안 가슴 뛴다

지기 위해 피어 맺었음을
하늘길에 스러져도
꽃은 필 때 보다 질 때를 기다린다

지난 밤 꿈에

펼쳐놓는 바람이 있습니다

살며
져버린 꽃의 맑은 향기

살며
흘린 은빛 땀방울

살며
부르지 못한 오색 빛 노래

새벽 푸른 창가에 걸어두는 일입니다

활을 쏘다

춤추는 강변 갈대밭에서
삼라만상 품어 만작 한다

사선에서 뿜는 떨리는 눈빛
앙칼지게 다문 바람 가르고
사계의 짧은 강물 비틀어
꿈틀거리는 화살의 유영
거침없이 궤적 두드린다

허공중에 허공은
또 다른 허공이었음을
끝없이 내달리는 과녁의 과녁들
팔괘의 소용돌이였음을

꿈꾸듯 강의 심연에서
소리 없이 소리 지르는
공기 같은 기억의 입들만 떠오르고
투영된 구덩이에서는 늙은 소나무가
화살의 심장을 열어보고 있다

7월의 겨울

두툼한 어둠이 금가고
삽자루 심어내는 고랑에는
아직 별이 흥건하다

이슬 굴려온 아침
새소리 열면
등에 핀 지게에 떨어지는 산그늘
울퉁불퉁 진흙 황톳길 매섭다

부러지느니 휘어진 들판이
원근으로 뿌리내린
뜨거운 허공이 무겁고
땅에 구르는 먼지 한 톨
일어섰다 눕는 연기에 질식한다

바람 속을 걷는 내가 있다

가을 낚시

물안개 그리는 호숫가

나룻배 잠든 나무 아래
낚싯대 드리워 봅니다

낙엽 긁어모아 불피우고
이슬 모아 차 한잔 끓여 봅니다

손짓하는 들꽃 차향에
떠나던 가을 잠시 다가와
같이 한잔하잡니다

활쏘기

먼 세월 별빛 담아
반짝이는 낙엽들이 영처럼 떠다니고
사라졌으리라 믿었던 세월 강은
가을빛 보듬어 산마루 흰 구름으로 자란다

파도에 떠돌았으나
흔들리지 않은 갈대로
사대에 올라선 여인
하얀 옷깃에 이는 바람은
천년 바위 새긴 푸른 역사 두른다

지그시 감은 눈망울에
호령하는 말발굽 소리 들려오고
날카롭던 눈빛은 고요히 맑아진다

어미 심장에 두었던 다섯 금빛 오감
거친 산맥 넘어온 인고를 움켜쥔 거궁
멈춘 숨결로 태산 밀고
포효하는 호랑이 꼬리 당긴다

마음속 마음 담아
가슴으로 안겨 오는 둥근 달 안고
화살은 팔괘 향해 나아간다

연심

다소곳이 허리 숙인 장미
지나가는 바람 흔들며
붉기도 하다

간이역 백열등
아직도 구석에서 깜박이는지
나그네 늘어진 어깨
철길에 검게 누워 목이 꺾여 있는지
깨진 유리창으로
기차는 오고 가는지

짙어진 향은 울타리에 길 내고
물길 지난 자리에
이슬 모아 새긴 잎마다
가시 없어도 되는지

달맞이꽃 지던 날

바람 지나듯 떨어진 자리
향기가 물컹거린다
이슬에 묻은 웃음 가슴 저며도
호수에 잠긴달 떠오르지 않는다

낡은 배 한 척 시리게 앉아 있다

가고 오는 것이 주인 없는 두레박
허공을 붇는다

지고 말면 그뿐

구름에 가리어진 별 보며
처마 모서리 세월 주름 걸쳐
행여나
바스락 소리 산산이 들려올까
귀에 아른히 쌓이는 눈동자만 보인다

봄 품은 계절

잊고
묻어야 하나요
꽃은 피는데

찻잔 속
뒹구는 낙엽은
떠남이 서툴러서인가

이슬도 맺히지 못한다

유리 상자 안 화초

감출 수 없다

마음들이 싸우고
화장한 얼굴은 벽에 부딪힌다

족쇄보다 강한 눈초리에
비루해지는 몸

혈관 속 유전자 기어 나와
비바람 꿈꾼다

간이역에 핀 장미

섶다리 잇는 기차
벌 나비 종달새 노래하는 보리밭
암표 구하기 바쁘다

입석에 몰래 올라탄 아지랑이
별빛 작은 언덕에서
어린 연둣빛 손짓한다

삭풍으로 막아선
새초롬한 입술이
헤어짐은 이별 아니라며

떠나는 열차 소리에
장미꽃 분주히 만개한다

3부

비워내는 시간 둑에서

솟대의 하늘

섧도록 파란 가을 눈물

낙엽
너였는가

소슬 바람 흘러간 그곳
강물은 피었는가

헤일 수 없는 별
구름 지우며 바라볼 뿐

당신은

깜부기 같은 밤에
별을 안고 오신 당신

지쳐 잠든 머리맡에 고요히 머물다
창가 이슬에 동살 내려놓으십니다

가만히 흔들리는
여린 풀잎 향기가 곱습니다

나뭇잎 사이로 펼쳐진
빛내림이 싱그러이 스치우면
푸르게 울던 새는 날아가고

옹달샘 가에는 사향노루가

당신의 파란 하늘로
삼백예순 날 다녀갑니다

임종

태양이었지요

달이라도
별이라도
바람에 흔들리는 등불이라도
있었으면

까만 밤 까마귀
쌀 한 톨 물고 와
천 석이라 부르네

하얀 하늘 아래
하얀 강물 위에
낙엽마저 하얀

그 곁에
오동나무 서 있네

봄은 길을 찾는다

구름 꼬리에 달린
이정표 따라가 보니

보인다

살구꽃 위에 솟은 산
강 덮은 달빛엔
바람으로 온 이슬
웃음으로 핀다

찾았으나
두고 가는 길에는 혼자다

갈매기 나래 위에

산 넘고 바다 건너 노을 따라
쉼 없는 날갯짓

묘비 뒤에 숨어 따라오는
새벽은 멀다

풀린 괘종시계태엽 다시 감기는
심장 소리 살아있다

거꾸로 돌려는 물레방아
낮과 밤의 경계에서 입맞춤한다

안개 섬 벼랑에는 새끼들이 껍데기를 깨고

갇혀 버린 날개

갇혀 버렸다
형체 없는 무언가에
어둠도 가시도 아닌데
길 잃고 조용히 아프다

피 멎어
얼어 버린 심장
파르르 떤다

한 줄기 빛은 희망일 뿐
탈출구는 아니었다
폭설 오던가
천둥 번개 치던가 할 것이다

시간 지배자는 해를 넘긴다
바람이 머리를 때린다
차라리 벼랑에서 구르라 한다

기회 엿보던 날개 갸웃 거린다

쓰레기봉투

여물다 남겨진 삶의 자투리
버려야 채워지는 공간

긴 긴 순서
더디 오길 바라는 무표정으로
하늘과 땅에 때로는 오롯이
떠다니는 눈망울

여백의 다양함이 밤 그늘에서도
변함없는 곳
새벽이 오기도 하는 풍경

돌아서는 후련과 미련이 비틀린 틈
쓰고 남은 나
단단히 동여 내준다

시간은

멈추지 않는다
꽃 지는 줄 알면서

바람막이 세우고
시곗바늘 고장 내면 멈출까

곡조를 이기지 못하는
멈춤의 노래도 멈추지 못한다

떨어지는 봄에
가을 나무 홀로 걷는다

고사목

하늘 현 되어 메아리 울던 날
새벽닭도 고개 묻더라

꽃 피고 새들 지저귐도
이슬에 굴러 꼬리별로 스러지고

고요를 베개 삼은 들판엔
안개만이 자욱하게 눕는데

시냇물 따라 흘러간 낙엽 더미에
호롱불 하나 창을 내더라

호수의 달과 뛰놀던
아지랑이 무지갯빛도

뒤뜰 항아리 채우려던 옹달샘도
비구름 앞에 빛 잃은 조각별이더라

우물에 빠진 별

별 하나 연줄에 달아
어둠 켜진 우물 깊이를 잽니다

가을 나뭇잎에 흔들려
빨갛게 타버린 나그네
멈춰진 두레박 타고 사라진
또 하나 하얀 별

강 너머 언덕에는 어머니가
잠든 아기를 업고 있습니다

강 빛 사이마다 바다가 숨 쉬지만
낙엽 쌓이는 그루터기에는
이슬비가 떠나지 못하고 있습니다

우물 속에 별
아직 찾지 못했습니다

풍경소리

바람 소리 감추어 여미고
강 물결 등에 새겨
산 그림자 담는다

밤새 내린 비는 비탈길에 등 굽어
야생화 한 무리 조아린다

잿빛 저고리 어머니
허름하게 비워진 갈라진 눈빛으로
지나가는 이 없을
누런 암자

저문 시간들 사이
깊은 침묵의 아픔이 길게
처마 귀퉁이에 빗어진다

빈 공원에서의 하루

작달비에 비리게 젖어도
잔잔히 손 흔들어
잿빛구름 닦아 주는 나뭇잎

변한 것은 없다

다만
습한 허공 발바닥 무좀이 증식했을 뿐
오늘도 빈 그네

깨어나 울어보지도 못한 개미
보도블록 구멍으로 사라진다

아직 이별의 밤은 멀다

북소리

잠자리 날개에 앉은 노을빛으로
두근거림이 온다

하루의 실타래 풀고 나와
홍차 한 잔 머금은 벤치
문외한 가슴에 원시림 들려온다

찾으려는 잃어버린 세계
높아 가는 돌탑을
새들은 궤도 이탈하며 춤춘다

시간 되새김질하는 소리 틈으로
사라진 별빛 토해내는 울림을
북은 어디론가 보내고 있다

자리

길에 갇혀 길을 걷는다

굵은 지평선 꿈틀대는 곳
붉은 옷 입은 신기루 뒤에 감춘 깃발을
찢어버린 하루가 날카롭게 파고든다

너덜너덜한 길가에는
전장에서 갓 돌아온 풀꽃이 비릿하다

멀어지는 길 가까이
돌부리에 걸려있는 눈동자
주머니에 넣어둔 머리카락이 쭈뼛 열린다

가슴 토해내는 가시에
소금 박힌 상처가 입 막고
길 없는 길에서 길 찾는다

이정표 없는 길

꽃잎 떨어진 이슬 길 걷다
솟대 걸어둔 허공에서 이정표 찾는다

고향 떠나 세월 살아가는 외길
걸어걸어 멀어질수록
가까워지는 무한궤도
품에서 나와 품으로 가는 여정

나뭇잎 피어지고 내는 물소리
돌부리에 다듬어진다

박꽃 여울진 지붕에 피는 초승달
끝과 시작의 한 줄 그으며
빈 나뭇가지에서 나부낀다

불 꺼진 길

어둠을 켠다
밤의 얼굴이 보이기 시작한다

조화 찍던 납덩이가 분리되어 문 닫고
배시시 웃던 누런 이에 고름이 숨어있다

리듬 타지 못한 거미 대신
허공이 매달려 조여오고

곰팡이 핀 벽지에 날개 부러진 선풍기가
삼킨 소리로 먹을 간다

꺼져가는 눈빛 다가오는 사이에

밤비

바람과 싸우다
유리창에 핑계 던진다

커피 향에 빠진
졸린 이마에 걸친 연인
가로등 씻는 비와 마주한다

빗줄 레일 떠난 기차에
표를 못산 그리움만 남는다

4부

벚꽃잎 하얀 길로

목련

은하수 별 중
그대
어디 있나요

고개 들어 하얗게 부르다

안개비 우는 뒷산 봉분에서
까맣게 타들어 갑니다

암자에 머문 풍경

허공 끝이라도 움켜쥐고 싶었다
바람 줄거리에 묶여 꽃 피면 눈물 났고
우레에 몸이 떨어지기도 하다가
낙엽 지면서 핏빛 물들었다
하늘 바다 다가오면 헤집어
뎅그랑 소리를 찾기도 했다
감아보지 못한 눈은 꼬리별에 눈멀어
어둠에 남몰래 눕기도 했고
맑은 비라도 오는 날이면 몸에 박힌 먼지 속에
은빛 고향을 잊었다
웅덩이에 비친 야윈 모습 낯설기만 한데
강 건너는 이름 하나 불러본다

산속에서 시린 가슴 비벼 향불 피우고
무채색으로 엎드린 여인에게서 소리가 멎는다
가슴 가득 하늘 마시고 남아 있는 날들이 스미어
나직이 나직이 흔들리면서 그림자로 홀로
윤회의 무늬 우려내고 있다.

달이 진다

우수에 젖어 노 젓는
별바다 조각배

구름 결에 잠들다
눈 떠보면 서편 봉우리
어미의 그윽한 눈동자

새벽 비 오는 소리에
고봉밥 서두르신다

길 떠나시려는가
지는 벚꽃잎 하얀 길을

달과 항아리

이슬로 빚어 오목해진 얼굴에
담 넘어온 산그늘 고인다

간간이 구름 소매 적시고
바람 실린 늙은 잎 날아든다

지붕 위로 누운 감나무에서
볕을 재던 자벌레

땅거미 오는 소리에 몸 굽혀
한 움큼 꺼낸 장맛

하얗게 달을 숨 쉬고 있다

아버지

산여울 바람골 지나
지평선 너머 구름 싣고
강변 기슭에 누운 허름한 배 한 척
피안의 목어 소리 옷고름 풀어내면

하늘 검게 태우던
마른 가지에 지는 오동잎은
텅 빈 마루 거미줄에 걸린
세월 조각 지워간다

억새밭 숨죽이던 들새
무서리 지나 하얀 가을 꽃송이를
한 잎 한 잎 즈려 밟아
둥지 위에 달이 젖으면

강물 빛 건너
멀어지는 별빛 따라
삭정이 박힌 녹슨 못에라도
기둥 같은 등불 걸어주소서

동산에 피는 태양

워낭소리 앞세운 새벽
바위틈에 눈만 껌벅이던 안개가
어슬렁 민낯으로 내려오고

텅 빈 공간을 가둔 허공은
물 박차고 오른 물고기가 해탈한 듯
빛으로 부서진다

산새가 주워 모은 열매가 싹이 트고
조금 자라
부서진 빛 모아 빈 하늘 열면

이별 감춘 사내가
등짐지고 걸어온다

당신의 빈자리

시곗바늘이 숨죽인다
바람도 없었다
모든 것을 멈추게한
차가운 가을만이 짧게 숨 쉰다

야위어 사라지는 길에서
강물에 새긴 이름에서
낙엽 냄새가 보인다

꽃으로 피어 맺은 열매는 흔적일까

초침이 다가와 멈추면
촛불에 남는 것은 하얀 눈물뿐
빗속에 불꽃으로 보낸 여름날 노래는
언덕에 숨어 기운다

가져갈 것 없는 정감 남기고
별빛에 가리운 별
겨울 갈대에서 흔들린다

분홍빛

먼 길 돌아
나뭇잎 그네 흔드는 저녁

기우는 낮달
서산은 오지 마라 손짓하는데
붉은 얼굴 지워대는 해넘이

아궁이 지키다
마른 눈물 닳아버린 부지깽이
사립문 열고 온 흰 나비
댓돌 지팡이에 앉는다

낮은 굴뚝 연기 따라 하늘길 가는 곳
분홍 연꽃으로 어메 가슴 피어있어라

인연의 끝자락

낙엽에 묻어가는 가을 끝자락
우듬지 홍시에 눈 내리고
처마 끝 배회하는 물고기 울음이
톡!

댓돌에 산화하는 햇살
찰나 입맞춤으로
삼천갑자 흐르고

옷깃에 피어난 등불
하늘하늘 허공으로
바람 손 잡고 모여든다

흩어지는 구름 사이
무지개 피운 야생화 한 송이
향그로이 피어지기를

벚꽃과 어머니

노을 깊어갈수록
뒤 뜰 장독대 벚나무 눈이 촉촉해진다
서 있기조차 힘 드는지
팔다리 처진다

꽃 피우기까지 불과 한 철
벌들 무리지어 찾아오는데

마침내 하나씩 꽃잎 내려놓는 어머니
서두르는 길
하얗게 봄이 남는다

빈 나무처럼 내가 운다

낙엽

움켜쥔 손 놓아 펼치면
나무에 열리는 공허
빛보다 빠른 시간이 떨어진다

떨림도 마지막 눈물도 거부된 멈춤
가벼움 끝에 선 묵언으로
검버섯 핀 숲에 스민다

강변 어딘가에서
바스락 소리
자정 12시를 알린다

꿈 속 얼굴

안개 두른 숲길
서성이다 꽃이 진다

내려 두어야 할 시간
노을 앉아가는 자리마다
검버섯은 이슬로 머물고

깊어가는 물웅덩이에 언뜻 비친
길 어딘가
신록으로 피는 꽃 찾아서

나이테 늘려가는 얼굴이
낯설다

노을

가을이 핀다
산 너머 국화꽃까지

윤슬 흘러간지는 오래전
해진 요람에서 별의 깊이를 잰다

검붉은 핏덩이가 하늘을 태운다
급히 바다에 던진다

바다마저 활활 타오른다
가을이 푸시시 오줌 지린다.

달과 어머니

달이 깊게 뜬 날이면
황토밭으로 마실 가시던 어머니

박꽃 여울던
우물가 그루터기에서
삼베에 젖은 달빛 드시던 어머니

고이 젖은 달무리
한 두레박 길어
머리맡에 달을 쏟아부으시던 어머니

새벽 열고 구름강 건너
산빛 물빛으로 가시는 어머니

밤에 피는 꽃

갈가리 찢겨 핀 당신의 피
불 냄새가 납니다
달은 고개 들지 못하고
별들은 구름에 숨어버립니다

어디 계십니까
감기는 눈 피워 품에 안기려 하여도
어둡고 적막한 응어리입니다

서릿발 가시보다 더한 전갈들과
살 썩는 독사들 우글대는 숲에서
천년 여우의 속삭임은 무엇입니까

폭풍우에 무너진 묘지 찾아
매일 떠나시는 연유는 또 무엇입니까

얼굴 없는 거울에서 야화 피고 있습니다
언덕 위에 길잃은 오도독한 밤하늘
넋이라도 지키렵니다

바람꽃 피는 언덕

갈대에 이는 그리움

흔들리는 바람 입는다

허리 휘도록 살갑게 머문 듯
날갯짓하다
큰 강물 흐른 뒤
은빛 노을 깊게 물들고

아린 가슴 노래로도
다가설 수 없는 빈 하늘

비워내는 시간 둑에서
고개 숙여 숨어 우는
아기 새 몸짓이었다

멈춰선 발끝에선
하얀 모래성만 쌓여가는데

섬 그늘

어둠 켜진 발길 따라
구름 사이
달빛 엮어 낚싯대 드리운다

모닥불 가에 찻잔 비스듬히 졸고
초릿대에 낚인 낙엽 하나 베고 있는
호수는 잠든다

신기루 펼친 물안개 너머
별빛으로 익은 고구마에
까만 아이가 하얗게 웃는다

바람은 물결 따라 잠방거리고
달로 돌아간 아이는 뭇 그리메에
반쯤 잠긴 섬으로 돌아온다

6월 어느 날

바람 별 검붉은 장미꽃 가슴에 품고
유월 무덤 누워있다

귀밑머리 스친 하얀 리본이
대나무 숲 지나 울음 우는 곳
향기 잃을까 멈춘 숨
핏빛 하늘에 구름도 운다

태양은 없었다

청송녹죽 노랫가락 춤판 위에
뿌려진 하얀 혈
깨진 보도블럭에서 무지개가 뜬다

푸른 무덤
구름 들판에서 잠든다

서낭당

노을이 나그네 옷깃에 물들면
낙엽 소리 눈 뜬다

염원의 씨
안개 계곡 달빛 강에 뿌리고
굽이 돌아 넘는 길
발끝 잡는 바위에 억만 겁 생을
심는다

굽은 허리 펴 땀방울 절은 뿌리
연 꼬리에 날리고
세상 돌리는 물레방아
다시 나선다

서낭당이 바람 옷 입는다

바람이 웁니다

장막 걷고 지난 밤 사라진 별
기억 속에 모여듭니다

대수롭지 않은 일일 수 있지만
누군가에게 소중한 것일 수도 있습니다

소매 끝 보풀일 수도
옷깃 단추일 수도 있습니다

지는 꽃향기도 구름에 묻히지만
열매를 남깁니다

창문 닫으니 별을 찾아
구름 지우던 바람이 웁니다

우는 바람 저편에서
또 다른 별이 사라집니다

국화

구름 길에 머물다 피어나
산여울 그리메에 강 물빛 들던 날
비로소 하늘 보았네

아스라이 바람과 별 보이고
노 저어 가는 동그란 얼굴
우물에 숨어 비춰 지네

못 잊어 피워내는 향기
행여나 풍경소리에 걸어두고
어드메 들길 걸어가네

노을 꽃 등지고 앙상한 날숨 나리는
호반에 갈 까마귀 날아들어
창백한 여백으로 멍 들어가네

푸르른 날에도

살고 살아가며
하늘이 이토록 푸르른 날
들판에 새끼들 퍼질러 놓은 들쥐의 조바심은
능청스러운 구렁이 혀
날카로운 독수리 발톱에
찌그러진 깡통 속 타는 불꽃은
빈 솥단지만 태운다

오늬바람 부는 과녁 정수리에
촉 바람의 회한은 작은 풀잎만 어르고
시간 바다에 옹알거리는 초침은
일회용의 여유도 절벽의 꽃이라

흐름은 멈추지 않는다

비 내리는 사막의 아우성 같은 좁다란
외나무다리에
고장 난 자판기의 호기가 부른 동전 한 닢
뭉그러진 신문에 구른다

돌담 품는 해바라기

씨앗 하나 물고
틈이 비집고 나온다

끝나지 않을 먼 여행길
블랙홀 무너지며 얻은 작은 우주
누군가 놓아둔 영혼의 맑음으로
한 방울 눈물로 고개 든다

하늘 배회하던 물고기가
해 그늘에 잠들면 물결도 잠시
바람이 다져 놓은 길 따라
굽은 몸 곱게 펴 즈믄 해 염원한다

등 뒤 그림자에 버려진 차가운 가을
고개 숙인 이별의 밤은
한 올씩 벗어내는 적삼에 물든다

중년의 꽃

겨울 거쳐야 꽃 피고
사연 많은 눈물 향기는
익어야 그리움입니다

뜰에 핀 여정에
철새 따라 봄이 오고
옷깃 여미어봅니다

식어가는 가슴
노 젓는 호수로
삶의 뒤안길에 부벼보렵니다

당신의 꽃 피우기 위해
햇살 안으로 창을 내겠습니다

갯벌에 숨은 달

게걸음으로 조개 캐던 지난밤
꽃이 떨어지고 호미 부러졌을 때
파도와 만삭이 되었다

물질하던 노모가 뭍으로 잠수할 때면
소금 꽃 핀 하늘은
뻐꾸기가 별 되어 째깍거리고
대숲에도 파도가 친다

망둥이와 뛰놀다
머리 검어진 아이가
갈대 휘는 소리에 물새 한 마리
고랑에서 건져 올린다

입 떨어진 갯바위 노래
하얗게 걸어오고
지워지는 발자국 아득히 걸어간다

동굴

무언가 있다
여름엔 빙하의 푸른 노래
겨울엔 모닥불 춤사위 흐르고

무언가 있다
가뭄엔 맑디맑은 물에 꽃향기 떠 있고
장대비엔 보송보송한 금빛 모래 너울대는 곳

무언가 있다
낙엽인 듯 나그네 돌아오고
꽃신 신고 아기가 미소짓는다

무언가 있다
낮볕이 토실히 익은 그곳에
둥근 산이 들어간다

바람인가 봅니다

붉어가는 산맥 넘어와
햇살 뜨락에 앉아 하늘 보라 합니다

헤아릴 수 없는 구름 흘러가니
푸르기만 한 것이 아니랍니다

속삭이는 별 안고
잔잔한 호수 어루만진 물결 속에서
나뭇잎 하나 고요히 반짝입니다

그렇게 사는 거라 합니다

가을 풀잎에 맺힌 이슬 사그라지고
눈꽃 피는 날 위해
촛불 밝혀두자 합니다

당신
하얀 바람인가 봅니다

산사의 바람

맑은 산 거미줄에 하늘 걸려
꽃피운 등성이
박꽃 늘어진 처마
옛스러이 익어간다

연화 밝힌 밤
푸르던 가슴 촛농 흐르고
저미어진 옷고름
정화수에 고개 숙일 때

지나던 바람
풍경소리에 뒤돌아선다

오월 바람

임 그리던 바람
초록 잎으로 숨 쉰다

아궁이 솥 크건만
상위에 젓가락 외톨이네

이팝 그릇 넘치는데
징검다리 넓기도 하여라

지나던 산까치
배부르다 하소연

작은 골짝
비구름 몰려 구른다

유택동산

꽃잎 내려놓는 하늘 멍들어
밤새 흘린 빗물
창가에 모여있다

손짓하는 목소리 불러
강이 건너온다

녹슨 못에 흔들리는 액자에는
바람과 구름 입은
해진 옷고름 걸린다

낮은 언덕
풀씨 날아들어
지평선 길게 휘어놓고
신기루에 꽃 피운다

언젠가로 멀어져 가는 시간이
발끝에서 손가락 걸고 있다

겨울나무

산비탈 토굴 풍경소리
참선 중인 참새 옷 벗는다

눈 내린 얼음 골
무지개 찾아 떠났던 소녀 옷 벗고

산을 짊어진 지게
지난 밤 살 내음 타던 애증에 또 옷 벗는다

길가 나뭇잎 둥지에
웅크린 새도 벗어야 날 수 있다

겨울 잠든 나무
홀로 바람 옷 입는다

안개 언덕

안개꽃 피는 언덕에는
누가 살길래

새벽으로 스며오는 하얀 여인
풀잎마다 잠재우는 보초선 나무에
이슬방울 달아 주고
말없는 호수로 내려와
솨아솨아 노 젖어 가는 물소리
머리맡에 놓는다

떨어지는 햇살
바구니에 담아 거울앞에 다가와선
열려진 창밖으로
꽃무리 펼쳐 놓는다

화장 마친 여인
꽃향기 입고 언덕 오른다

6부

느낌표로 서 있다

등대

파도가 문 열고
푸른 가슴 하얗게 헤치고 들어오면
가까스로 잡은 가늘은 병상 줄에 누워
천장 날아다니는 파리에 꿈꾸듯
갈매기 날개를 단다
창가에 앉아 먼지 쌓인 스위치 만지작거리다
다가서는 어두움 지우려
심장 박동 켜고 눈만 껌벅인다

뒤돌아선 갯바위 흔적은
바람이 손님으로 와 은빛 추억 흔들며
알 수 없는 깊이에 빠지고
품 떠난 배들 사라져 간다
안개 덮인 삶 내리고 새벽 싣고 떠나는 뱃고동 따라
까마득히 내달리다 우뚝 선 난,
땅끝 벼랑에 느낌표로 서 있다

임이 사랑을 물어오면

꽃이 다하여
마지막 꽃잎마저 흙으로 돌아가고 남은
꽃대를 말하겠습니다

서운하다 하시면
참새 재잘대던 허수아비의 누더기 진
소매 짧은 옷 한 벌을 말하겠습니다

못내 서운타 고개 돌리시면
돌탑을 휘돌아 흐르는
어느 여인의 고요한 기도를 말하겠습니다

노여워 다시 물어 오신다면
살다 살다 마지막 남은
나의 작은 잔을 비워 드리겠습니다

나병

천형이라 하더라
바위에 갈리다 이슬조차 흐르지 않는 강에서
반 모금 구정물 찾는 걸인으로 하이에나에게 쫓긴다

썩은 살점
고름으로 팔다리 붙이고 눈을 매단다
죄목도 모르는 선고
수형 번호 없는 무기수
서풍으로 그믐 오간다

풀숲에서 산에서 파르르 숨죽이고
길 없는 섬에게 목 내어주고
잠시 뼈 안을 들여 본
뿌리가 뿌리 낳은 검은 달빛은
장승 뒤에서 닭 모가지 비튼다

바위산에 스밀 날 있을까
불타버린 재라도 남을까
산기슭 돌무덤도 가끔 웃더라만
행여나 마지막 생식기를 자른다

앉은뱅이

항아리에 납작 주저앉은 김치 쪼가리에서
묵은 바다 냄새가 난다

단 한 번 걸어본 곰삭은 기억
걷고 싶을 땐 하늘 보라던 제비
가을볕 물고 가버린다

재 너머 있을 숲에 가려진 길
소금 실은 종이배가 밤이면 찾아온다

뱃전에 부딪는 짠내나는 선달이
나직이 흔들리다 하얀 소리 삼킨다

밀물 썰물 갯골로 머리 풀고
바다 향해 고개 든 해초 길은
어둠도 빛으로 잉태되어 포물선 안는다

구멍 난 조가비로 우두둑 기어
좌악 찢어 군내 나는 갯벌 씹는다

창문 밖 겨울 냉이

담배 생각나 창문 열었어요
화분에 버려졌던 꽁초가 누렇게 웃어요
이끼보다 작은 냉이가 납작하게 손들고 말을 걸어와요
지난가을 시간제 계약이 끝났어요
아무도 없는 공원은 목발 짚은 겨울이 앉아 있었고요
구직 광고는 전봇대 살점을 뜯고 있어요
눈에서 북소리가 아른하게 들려와요
철탑에 꽂혀있는 하늘이 잿빛 얼굴로 고개 저어요
머리 헝클어진 숲속을 살펴도 빈 소매만 흔들어요
가위눌린 채 아직은 여리게 잠이 들었다 깨요
주인 없는 무덤에서 헛디딘 발에 개미가 화를 내요
도둑이 들었나 봐요
곳간 열쇠에 소소리 바람 꼬리가 보여요
햇살 한 줌이 오래된 빈 접시 들고 둥둥 걸어 나와요
얼었던 강이 글썽거리며 녹아요
어둠 켜졌던 골방에서 고개 내밀어 미소 담아 보려 해요
그래요
응달 깊숙이에서도 파릇하게 봄 캐내 볼래요

하늘에 핀 들장미

새벽은 골목과 아침 사이에서 신음한다
쉰내 나는 수레가 영역으로 구른다

구겨진 종이 더미가 허리 굽힌 채 쌓여
밤새 이슬이 싼 오줌 싣고
썩은 웃음으로
절름발이 공장으로 절뚝거리며 간다

독사 혀를 자를 수 있다면
돌덩이 하나 슬쩍 넣을 만도 하나
오그라드는 심장 햇살에 말리다
헛기침에 파르르 떠는 한 귀퉁이

향기 없이 고개 숙여 핀 꽃을 향해
굶주린 벌이 윙윙거린다

건널목의 겨울

계단으로 실금이 따라 오른다
무녀진 벽돌 무게가 굽은 허리 익숙한
틈마다 발톱 세운 서리가 시큰하다

지난밤 벽지 떠난
시멘트 입 냄새 널브러진 빈방에서
한 잔의 별과 아기 웃음이 천장에 걸리고
아직은 먼 개나리꽃을 중얼거린다

창밖엔 설익은 눈이 여리게 내리기 시작한다
낯선 네온 불빛이 어둠을 호령할 때
사람들은 길 위 징검다리를 건넌다

파란불의 시간이 건너와
창문 두드려도 표정 없는 소리로
어느덧 서 있는 모퉁이를
술래 되어 실눈으로도 주름진 주머니

나는 누워서, 누워서 편안한 길과 길 사이의 길
빛과 어둠 사이의 길
고개 숙인 눈송이들이 밟히며
풍선 든 소녀 뒤를 따라간다

마을 어귀를 돌아가던
돌담 황톳길에 낮은 연기 찾아 나선
장승은 아직 빨간불이다

달이 가는 길

태양 따라가던 길
오동잎이 가려져 옵니다
되돌아보니
아득히 와있습니다

청아하게 별빛 흐르는 개울에서
사계로 놓인 징검다리 건너기도 했지요
피라미와 물장구치고
먼 바다까지 무사하길 바라는 소망 실어
풀잎 배 띄우기도 했습니다

동살이 오면
시간이 보낸 서산으로 가렵니다
구름꽃 핀 향기 좋은 친구들이 기다리고 있지요
길 끝이 보이기 시작합니다

느티나무 비밀

어귀를 떠돌던 까치가 떠났고
몸 팔던 절름발이 들마루가 있었고
매미가 탈피한 밤
사생아가 있었습니다
수수깡처럼 마른 잇몸으로
참외 긁어먹던 여름도 있었습니다

바람으로 지나다 돌아선 침묵에
낙엽은 뿌리를 깊게 묻어야 했습니다
검게 그을린 옹이에서 고름 흘렀고
먼 길 돌아 눈꽃으로 온 나그네는
돌탑이 되어갑니다

수레 구르던 삭정이가 지팡이 되어
당신 그늘에 집 지으려 합니다
늘어진 가지마다 숨겨둔 노래
터진 가슴으로 걸어 놓겠습니다
이끼로 흐르는 젖은 숨결을
고혹한 향이 휘감습니다

저녁 물든 비릿한 새벽길 걷겠습니다
떠났으나 떠나지 못한 그림자
부르다 멈추지 못하는
샘물 깊이 비친 얼굴입니다

시골 마을

앉은뱅이 지붕마다
불빛이 땅거미에 먹힐수록
별들은 하나둘 불을 당긴다

지우려 고개 숙이면
폭풍이 쓸어버린 벽들이
강 어딘가에 묻혀 있다는
한 뙈기 묵정밭에 억새가 키만큼 자라다
노을에 붉게 겁탈당했다는
업둥이와 바람 난 당산나무가
산으로 도주했다는 이야기가
잰걸음으로 시큰하게 보여오고

어머니 젖무덤가 뽀얗던 속살만
희뿌연 옥탑방 문설주에
워낭소리로 빗장 걸려있다

신문지와 소주 막 잔

발톱 키운 상고대가 산 아래까지
일감 몰아가고 있다
며칠째 굼뜨게 누워있는 시멘트 포대가
겨울보다 단단하게 제자리 잡아간다
햇살 비스듬히 물고 오던 산새들이
멀리 나간 듯 들리지 않는다

벽 틈으로 눈이 내리기 시작한다
녹슨 못이 나이테 뜯어내는 하꼬방은
취기가 지붕 떠 올린 채
지난 밤 검은 타일 바닥에 껌딱지로 굴러
바퀴 자국 인쇄된 노숙자 갑옷에서
찢어진 구인난을 박음질한다
넘어진 소주병이 부고란을 힐끔 깨운다
밤새 자란 머리카락만큼의 거리
멀지 않은 창문이다
거기서 종이는 돌려주어야겠다

새들이 돌아오고 연탄재가 부서지고
빈속 채울 활자는 남기고
눈 쌓인 길을 눈처럼 걸어간다

떠난 이가 축복받는 낮달의 잿빛 아침이다

냉장고에 마른 고등어가 산다

검은 고양이가 발톱 세우자
냉장고 문이 눈 껌벅이며 닫힌다
싱싱한 비린내 나던 바다에서
파도 깎아 만든 동전 한 닢이
고양이 눈에 둥글게 반짝인다

되돌아갈 수 없는 키를 잡은
막장에 몰린 그물에서 오늘이
등 푸르게 얼어가고 있다

닫혔으니 열리겠지
새벽일지 아침일지 아니면
유통기한 지나기 전엔
잊은 듯 반듯이 누워 육수 빼며
절여지다 보면

바깥세상 궁금해서라도 되새김질하는 아내는
붉은 얼굴로 서산에서 떠오르겠지

뉴스

광풍이 분다

마지막 나뭇잎이 나는 깃발이다

주문처럼 외치며 버틴다

사색이 된 회색 구름이 바다로 몰려간다

무슨 말들이 오고 갔을까

잔잔한 호수에 얼음이 두껍게 언다

날개 꺾인 새들이 가시밭에 둥지 튼다

상어 학교

딩동! 문이 열립니다
붉은 카트들이 꼬리에 이끌려 돈다
번뜩이는 광선 하나에 배가 갈리고
토막 난 눈동자가 튕겨져 천장에 붙는다
처음으로 상어 이빨을 보았다

상어의 언어를 배우고
지느러미 신호를 익히고
주어진 수학 공식 외우다
자와 저울의 숫자만큼
밤사이 상어에게 끌려가 살해당했다는
모스 부호가 들린다는
비릿한 소문이 떠돌기도 했지만
빛이 굴절된 무거운 심해에서 올라오는
헛된 공기 방울 소리라 여겼다

하늘에 있어 날아도 다닐 수 있다는 바다로 가기 위한 훈련
미로의 마지막 입을 향해 가는 일이었다
눈 한번 감아보지 못한 채 뒤돌아볼 수도 없었다
물흐름은 표정을 지워 갔다
상자 속 작은 상자 밀착된 공간에서도
끊임없이 신호를 보내며 살을 찌워야 했다

차가운 비닐에 포장된 몸통은
교장의 간식을 마련하기 위해 진열대에 놓인다
마트에 시계가 없는 이유인지도 모른다
딩동딩동! 마감이 임박하였습니다
곧 문이 닫힙니다

하수구 뚜껑이 열려 있다

꾸불꾸불 거리는 길
눈이 소복 입고 걸어온다

발자국마다 낙인찍힌 눈송이들이
빨강 신호등을 건넌다

색 바랜 종이가 똑같은 이름으로 부른다

복사기가 위잉 돌다
하얀 종이 물고 멈춘다
억새꽃이 붉은 줄 알았다

나뭇가지에서 사르르 떨어진 눈 뭉치가
순서 없이 하수구로 빨려 들어간다

여전히 창틀에 눈이 꾸불텅 앉는다

옛살비 코스모스

허공 속 빈 들판 수직으로 선 여린 하늘
새들은 구름 속에 둥지 튼다고 여겼을 때
팔꽤 담은 봉오리 목마저 늘여야 했다
떠난 줄 알았던 것은 한 조각 실바람 잎
야위게 움켜쥔 손아귀 높이 펼쳐진 밭은 숨
흔들리며 먼 길 돌아 별들 사이에 어둠 깊고
가을 노랗게 웃던 푸른 낮달이 차갑다
마디 굵은 발목에 늙은 이슬 걸리는 담길
한가위 빚는 둥근달은 등 굽은 노을 언덕 붙잡는다

언뜻언뜻 성기게 보이던 가녀린 보랏빛 얼굴
뿌리 마른 간이역 지키던 우주였다

겨울자락

봄 온다는 기척 없는데
겨울이 앙상하게 일어선다

바람이 살짝 나무 밑둥치 들춰보고는
개울에 흘러 버들강아지에서 나부댄다

아궁이가 가난에 그을리고
외양간이 누렇게 살 오르는데

남녘에 매화 피었다는 소문이
코끝으로 들려온다

달도 오늘은 서둘러 가지 않으려 하겠다

문지방

풍경 소리 나그네 옷섶으로 여리게 흘러
문지방 앞에 머뭇거린다

찾아오는 귀가 많을수록
헛기침만 반질하고 밟을 수가 없다

멈춘 순간 허공이 된다
문설주가 팔 한쪽을 내민다

안과 밖의 경계가
잇몸으로 눅눅하게 누워 잘근거린다

씹지 말아야 할 호두 껍데기처럼 단단한 각인을
생각 없이 씹은 탓에 문지방이 주저앉는다

툇마루가 사라지고
뜰이 사립문을 열어 강으로 간다
한들한들하던 거울이 고개 든다

겨울 가뭄

언제부터였을까
액자에 들어가 경매장 떠도는 저 집
낮아진 굴뚝에 참새들 사라진 지 오래된
문풍지와 문설주 삐걱대는
시멘트 외벽부터 겨울 뼛속은 갈라지고 있었다
들판이 뭉그러져 코발트 지붕에 널브러져 있고
먼지가 한번 담 밖에서 회오리바람을 탄다
바지랑대는 담벼락에 기대 바깥을 엿보는데
늘어진 빨랫줄엔 마당이 널려 누렇게 마르고 있다
툇마루 잿빛 고양이는 검버섯 핀 햇살을 나른하게 털고
한 켠에서 잡목처럼 자란 나무들의 나이가
딱딱하게 벗겨지고 있다
엎어진 고무다라를 수도는 비목되어 보고 있다
장독대에 자루 벗겨진 호미가 묵은 된장처럼 서 있어
우체부와 동사무소 직원이 대문 밖에서 망설이다
무언가 주고받더니 이내 사라진다
초인종을 누르고 담 모퉁이에 숨었던 아이
길 끝까지 이어진 수레바퀴 따라
시무룩해져 돌아선다 모래시계 돌려보지 못한 채
지워내야 할 발자국이 없는 싸라기눈이
잠시 편안하게 내린다
하늘과 땅이 길게 누워
연신 붉은 사탕을 차갑게 빨고 있다

나뭇잎의 노래

초판 1쇄 발행　2019년 3월 8일
초판 1쇄 발행　2019년 3월 14일
　　지은이 : 한상우
　　펴낸이 : 서인석
　편집·디자인 : 서인석, 정근혜
　　펴낸곳 : 도서출판 열린동해문학
　　　　　〈등록 제573-2017-000013호〉
　　　　　충북 청주시 청원구 상당로 232번길 6
　　　　　043)223-3801
　　　　　H.P : 010-7476-3801
　　　ISBN : 979-11-88966-23-3
　　홈페이지 : http://cafe.daum.net/ehdgoansgkr
　　E-mail : yyp325@naver.com

이 책의 판권은 저자와 출판사의 동의 없이 무단 및 복제를 금합니다.
파손된 책은 구입처에서 교환하여 드립니다.

이 도서의 국립중앙도서관 출판시도서목록(CIP)은 서지정보유통
지원 시스템 홈페이지(http://seoji.nl.go.kr)와 국가자료공동목록
시스템(http://www.nl.go.kr/kolisent)에서 이용하실 수 있습니다.
(CIP제어번호: 2019009225)